Disney Violetta

mon journal

Novélisation : Catherine Calengula.
Conception graphique du roman : Audrey Thierry.

Hachette Livre, 43, quai de Grenelle, 75015 Paris.

Disney

Violetta

mon journal

Espoir et désespoir

hachette
JEUNESSE

Moi, Violetta

Après plusieurs années passées à Madrid, me voilà de retour à Buenos Aires, la ville où je suis née.
J'ai une passion : le chant ! Ma mère était une célèbre chanteuse et c'est d'elle que me vient mon talent. Depuis qu'elle est décédée, je vis avec mon père, un riche homme d'affaires.
Ma vie a beaucoup changé maintenant que je vis en Argentine. J'ai découvert le Studio 21, une école de musique, où j'ai rencontré des amis extraordinaires qui partagent ma passion. J'aime ma nouvelle vie !

Papa

Papa (il s'appelle Germán) est la personne que j'aime le plus au monde, mais j'aimerais qu'il soit moins protecteur. J'ai parfois l'impression qu'il ne me fait pas confiance. En plus, il n'accepte pas ma passion pour le chant ! Il est fiancé à Jade, une fille très bavarde que je n'apprécie pas beaucoup.

Angie

Angie est mon nouveau professeur particulier et elle est aussi passionnée de chant que moi. Je suis très proche d'elle et je peux tout lui confier. Elle me comprend mieux que personne et est toujours là pour me défendre. C'est grâce à elle que j'ai pris conscience de mon talent. Je l'adore !

Francesca

Francesca est italienne, mais c'est avant tout ma meilleure copine ! En plus d'être extrêmement talentueuse en chant et en danse, elle est intelligente et toujours disponible pour ses proches. C'est une fille amusante, sincère et fiable, des qualités que j'apprécie chez mes amis.

Camila

Camila est une super copine ! Elle a beaucoup de personnalité et dit toujours ce qu'elle pense. Elle sait ce qu'elle veut et fait beaucoup d'efforts pour réaliser son rêve : devenir une grande chanteuse ! D'une imagination débordante, elle ne se laisse pas facilement intimider.

Leon

C'est mon premier ami garçon. Il est toujours prêt à m'écouter et à me soutenir quand j'ai besoin de lui. Je me sens bien à ses côtés et je me confie beaucoup à lui. C'est un garçon honnête et sensible qui a énormément de talent, il fait d'ailleurs partie des meilleurs élèves du Studio.

Ludmila

C'est la peste du Studio ! Elle est très sûre d'elle et pense être meilleure que tout le monde. Elle est prête à tout pour devenir une star et joue à la diva. Cette capricieuse est la reine des embrouilles et elle excelle dans l'art de manipuler. Je ne lui fais pas du tout confiance !

CHAPITRE UN

Un bonheur de courte durée

Cher journal, **ma vie est TRÈS compliquée en ce moment !**

Jade, la fiancée de papa, a découvert que j'étais inscrite au Studio, et elle a menacé de tout lui raconter ! Elle était furieuse parce que mon père avait annulé leurs fiançailles.

Heureusement, papa et elle se sont réconciliés, et elle n'a rien dit. Je n'aurai pas à abandonner l'école. Pour l'instant...

Ah, l'école ! C'EST LE RÊVE !

Je peux enfin chanter et avoir des amis. Sans oublier la cerise sur le gâteau : le spectacle ! C'est une vraie comédie musicale avec un public et des journalistes. Pablo, notre directeur, et Antonio, le propriétaire du Studio, ont investi tout leur argent pour le monter. Oui, mais voilà : la première a lieu le même jour que les fiançailles de Jade et papa ! Le moment venu, je m'échappe de la fête et j'arrive juste à temps pour jouer le rôle principal à la place de Nata, morte de peur.

j'arrive au Studio

Je chante, et c'est magique !

À la fin du numéro, le public m'acclame.

Je nage en plein bonheur !

Mais, l'instant d'après, je dégringole brutalement de mon petit nuage : le décor s'effondre, les projecteurs volent en éclats et le public fuit en hurlant !

Qu'est-ce qu'il pourrait m'arriver de pire ?

Descendre de scène et tomber nez à nez avec papa !

CATASTROPHE !

Papa a-t-il deviné que j'étudiais au Studio sans sa permission ? Son visage est déformé par la colère.

– Je suis venu te chercher ! rugit-il. Qu'est-ce qui t'a pris de quitter la fête ? Jade est au bord de la crise de nerfs. Et que fais-tu ici ?

Il pose un doigt sur mon visage et retire une bonne couche de fond de teint.

– Depuis quand te maquilles-tu comme ça ? Tu es venue voir un garçon ?

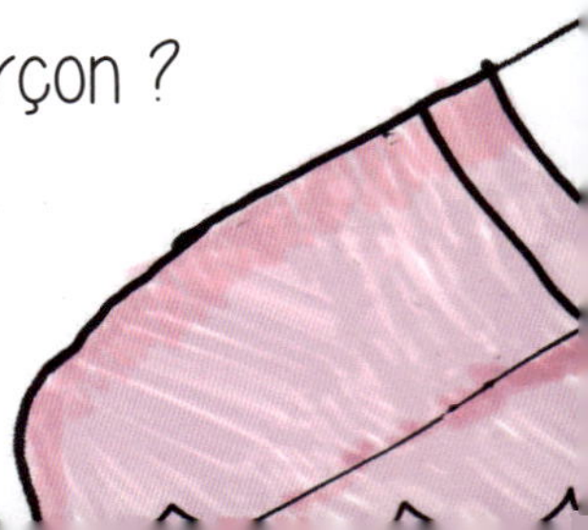

Cette fois, j'en ai assez !

Cher journal, si papa le pouvait, il m'enfermerait dans une cage dorée. Il refuse absolument que je sois chanteuse, comme maman. Découvrir que je veux suivre la même voie qu'elle lui ferait beaucoup de peine...

Mais chanter, c'est toute ma vie !

☆★★★☆

Le lendemain, au Studio, tout le monde est déprimé. La première du spectacle est un échec, et mes amies, Camila et Francesca, sont abattues.

– Les profs sont en réunion depuis ce matin, ils font une de ces têtes ! nous informe Camila avant les cours. Quel désastre !

Honnêtement, je ne suis pas tout à fait d'accord.

Chanter sur une scène, c'est la chose la plus merveilleuse qui me soit arrivée dans la vie !

Être face à un public, sous ses applaudissements, c'était extraordinaire.

Ce que je veux, c'est ressentir cette émotion, encore et encore !

À cet instant, Ludmila, une fille insupportable, revient de sa tournée publicitaire pour de la nourriture pour cochons. Elle prend un malin plaisir à se moquer de nous.

– Il est évident que vous ne savez rien faire sans moi ! Vous êtes tellement médiocres...

Cher journal, autant être claire : **Ludmila est une vraie peste.**

☆★★★☆

En entrant dans la classe, on apprend qu'il n'y aura pas d'autre représentation. Le décor est complètement détruit, et le reconstruire coûterait trop cher.

Mais il y a encore plus grave : notre directeur, Pablo, démissionne !

Antonio nomme Gregorio, le professeur de danse, pour le remplacer.

mes professeurs

Moi qui pensais que l'échec du spectacle était la pire chose qui puisse arriver, je me trompais !

L'école, c'est mon refuge quand tout va mal. Mais avec Gregorio, cet homme si sévère, comme directeur, **la vie au Studio va être un cauchemar !**

CHAPITRE DEUX

Turbulences à la maison

Cher journal, aujourd'hui, commence le règne de la terreur de Gregorio. Il nous laisse à peine chanter et danser dans les couloirs. En plus, Ludmila est sa protégée !

AU SECOURS !

Gregorio nous donne des exercices difficiles, par équipe. Moi, je dois composer

une chanson pour Camila. J'ai de la chance, c'est mon amie. Je la connais suffisamment pour inventer des paroles et une musique qui lui correspondent. En revanche, Tomas doit écrire une chanson pour Leon, alors qu'ils se détestent !

Gregorio se comporte comme un général. Il a même interdit aux autres professeurs de nous donner un coup de main en dehors des cours.

Avec lui, impossible de discuter ! On doit se contenter d'obéir.

– Maintenant, il va falloir travailler, travailler et travailler ! crie Gregorio à qui veut l'entendre.

À VOS ORDRES, MON GÉNÉRAL !

☆★★★☆

Comme si ça ne suffisait pas, j'apprends un truc affreux : malgré leur fête de fiançailles ratée, papa et Jade vont quand même se marier... dans deux mois !

OH NON ! Je ne réussirai jamais à me débarrasser d'elle !

Maintenant qu'elle connaît mon secret, elle me rend la vie impossible. **Je ne sais pas quoi faire.**

☆★★★☆

Le lendemain soir, Angie vient à la maison. Est-ce qu'elle a senti que j'avais des problèmes ?

– Je dois vous parler, Germán, dit-elle à mon père.

– J'ai été suffisamment clair, rétorque papa, je ne veux plus jamais vous voir auprès de Violetta.

Ça alors ! Et moi qui croyais qu'elle avait quitté la maison pour pouvoir se consacrer entièrement à sa carrière de chanteuse !

Papa et Angie

En réalité, cher journal, Angie est partie à cause de papa !

Je vais les écouter discrètement, derrière la porte.

– C'est vous qui refusez d'avouer que vous avez des sentiments pour moi ! s'écrie soudain papa.

— Tout ceci est très compliqué, Germán. Beaucoup plus que vous ne l'imaginez...

J'étouffe un cri de surprise : ils s'aiment ! **Mais pourquoi papa veut-il toujours se marier avec Jade ?**

☆★★★☆

Vivre un enfer chez moi ne m'aide pas, surtout que ça ne s'arrange pas au Studio. C'est dans ces moments-là qu'Angie me manque le plus. Bien sûr, je la croise à l'école, puisqu'elle est prof de chant, mais ce n'est pas pareil.

À chaque occasion, je la supplie de revenir à la maison. Et chaque fois, elle me répond que les choses sont trop compliquées... Papa dit que c'est à cause d'elle si j'ai changé. Il ne voit pas que je grandis, tout simplement.

Cher journal, aujourd'hui, je n'ai vraiment pas le moral !

En fait, je suis folle de joie ! En rentrant ce soir, je découvre qu'Angie est revenue vivre avec nous !

– Ton père m'a réembauchée comme professeur particulier, Violetta, m'annonce-t-elle. C'est pour toi qu'il a fait cela. Il t'aime énormément.

Finalement, tout n'est peut-être pas perdu avec papa !

Le lendemain, au Studio, Francesca est bizarre. Elle passe la journée à nous dévisager, avant de finir par s'emporter :

– Hier, c'était mon anniversaire, et personne ne s'en est souvenu !

Je m'en veux. Même si j'ai des soucis, ce n'est pas une raison pour oublier mes amis.

Je dois absolument me rattraper !

Ni une ni deux, nous lui organisons une fête costumée, dans le café à côté du Studio.

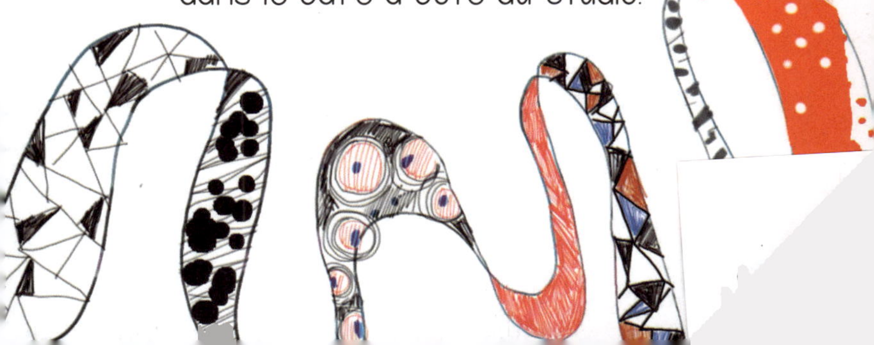

Surprise !

Puis je vais chercher Francesca et je lui cache les yeux derrière un foulard.

– SURPRISE ! s'écrie-t-on en chœur.

Elle est drôlement émue de nous voir tous réunis et déguisés, sous une énorme pancarte :

Je suis tellement contente de l'avoir comme meilleure amie !

CHAPITRE TROIS

Duel musical

Cher journal, avant, savoir que je passais mes journées au Studio m'aidait à supporter le reste, et surtout Jade... Mais depuis que Gregorio est directeur, tout a changé ! Ce matin, il nous réunit pour nous donner les résultats de l'exercice par équipe.

– Le travail que nous avons fait ces derniers jours montre qu'il y a une nette différence de niveau entre les élèves. C'est pour cette raison que nous avons décidé de former un groupe spécial avec les plus brillants d'entre vous... Sont retenus pour intégrer ce groupe d'élite qui suivra des cours spécifiques : Ludmila, bien sûr, Leon, Violetta, Maxi et Nata.

– Et Tomas, ajoute Antonio, le propriétaire de l'école.

C'EST ÉPOUVANTABLE ! Je ne sais pas comment réagir. Ce qui est sûr, c'est qu'à partir de maintenant, les choses seront différentes, y compris entre les amis de toujours...

le groupe d'élite

Il faudrait obliger Gregorio à dissoudre ce groupe, et faire revenir l'ancien directeur, Pablo.

Facile à dire !

En plus, Ludmila, cette araignée venimeuse, croit qu'elle peut choisir la partition qu'elle veut. Là, je dis STOP !

Ni une ni deux, je lui propose de nous affronter dans un duel… musical.

On verra bien qui sera la meilleure !

Ce matin, a lieu mon duel avec Ludmila. Je suis un peu inquiète… mais je vais me donner à fond !

Je monte sur la petite scène du café, puis je me mets à chanter.

Les applaudissements retentissent… Je remporte le duel contre la Vipère !

duel musical

En général, je déteste les conflits, mais pour la première fois, j'ai réussi à lui clouer le bec. Aujourd'hui, cher journal, je me sens plus forte. Je crois vraiment que j'ai grandi...

Malgré ma victoire au duel musical, je suis triste pour Camila. Elle est super déprimée, parce que Gregorio ne l'a pas choisie pour faire partie du groupe d'élite. Déjà qu'elle manquait de confiance en elle !

En ce moment, la chose la plus positive dans ma vie, c'est le retour d'Angie. Le soir, elle vient dans ma chambre pour discuter et, souvent, me réconforter... Avec elle, tout me paraît si simple !

C'est comme si on se connaissait depuis toujours...

Cher journal, aujourd'hui, une nouvelle élève est arrivée au Studio. Elle s'appelle Lena, et c'est la petite sœur de Nata. Lena est très douée. Jalouse, Ludmila nous en fait voir de toutes les couleurs !

J'en ai vraiment assez des disputes et des coups bas !

Les manigances de Gregorio ont fini par séparer les élèves. Faire partie du groupe d'élite nous demande beaucoup d'efforts. Quant aux autres, ils se sentent méprisés.

Du coup, ça crée des tensions.

Le seul endroit où l'on peut être vraiment bien ensemble sans se fâcher, c'est au café. Il y a une petite scène et on y répète, sans pression.

Quand on s'y retrouve, tous nos problèmes s'évanouissent, comme par magie !

CHAPITRE QUATRE

Une grande victoire

Cher journal, au Studio, rien ne va ! Depuis que Gregorio a séparé les élèves en deux groupes (en gros, ceux qu'il juge bons, et… les autres), l'ambiance s'en ressent.

On est vraiment à bout, mais ce matin, c'est le pompon !

la rébellion

En nous voyant tous ensemble, Gregorio s'énerve.

– C'est terminé, de se mélanger, annonce-t-il. Vous n'avez rien à faire les uns avec les autres !

Camila laisse exploser sa colère.

– Arrêtez de nous traiter comme ça !

C'est alors que Leon s'avance.

– Excusez-moi, Gregorio, mais on n'est pas non plus d'accord avec cette situation.

Puis Tomas le rejoint. Le directeur menace de les exclure. Il est si énervé que sa perruque bouge. Mais ça n'empêche pas les autres élèves de se rebeller, un à un !

☆★★★☆

– Apparemment, nous sommes tous d'accord, déclare Camila. Qu'allez-vous faire, maintenant ? Tous nous renvoyer ?

Au final, seule Ludmila reste du côté du groupe d'élite.

Entre nous, ça ne m'étonne pas !

☆★★★☆

Une fois hors du Studio, le doute s'installe. On en a tous plus qu'assez de cette situation, mais personne n'a envie d'être renvoyé ! **Le mieux est de montrer à Gregorio qu'on est meilleurs ensemble.**

Quoi de mieux qu'un concert pour le prouver ?!

Tout le monde s'y met. Les idées fusent, et en à peine un quart d'heure, le spectacle est organisé. Nous voilà une bonne vingtaine à monter sur scène.

le concert

C'est un succès !

À la fin de notre chanson, Gregorio vient nous rejoindre pour nous passer un savon... mais dès qu'il voit les journalistes, il change de discours.

– Eh bien... ce concert a démontré le talent de tous les élèves de l'école.

Je peux d'ores et déjà vous annoncer la fin du groupe d'élite.

VICTOIRE ! ON A RÉUSSI !

Juste après, Antonio nous informe qu'il a décidé de réintégrer Pablo dans l'équipe des professeurs.

Hip hip hip hourra !

Tout redevient enfin normal. Aller au Studio sera de nouveau le meilleur moment de ma journée. Et j'en ai vraiment besoin, surtout ces temps-ci...

☆★★★☆

Cher journal, pourquoi faut-il que Jade existe ? **Je voudrais tant connaître une formule magique pour la faire disparaître !** Depuis que papa est parti en voyage, elle se prend pour une reine. Elle ordonne à Angie de manger dans la cuisine, change les meubles, fait faire des travaux.

C'est épuisant !

Moins je passe de temps à la maison, mieux je me porte.

Au Studio, c'est l'effervescence. Antonio semble avoir trouvé une solution pour sauver l'école de

la faillite : une émission de téléréalité ! Elle prendra la forme d'un concours, qui durera quinze jours. Le grand gagnant pourra enregistrer un CD et deux clips vidéo.

C'est génial ! Les élèves sont surexcités.

L'émission sera diffusée sur Internet, et donc visible dans le monde entier... y compris par papa. **Alors, je crois que je ferais mieux de ne pas y participer...**

CHAPITRE CINQ

Vie publique, vie privée !

Ce matin, quand j'arrive au Studio, j'ai une surprise désagréable : **il y a des caméras partout !** Mes amis insistent pour que je m'inscrive au concours, mais je ne peux pas. Papa risquerait de découvrir mon secret...

À la sortie de l'école, la Tarentule (autrement dit : Ludmila) vient me parler.

– Laisse-moi deviner pourquoi la douce Violetta ne se présente pas aux auditions ! Ah, je sais ! Parce qu'elle n'est pas assez douée, c'est ça ?

Leon prend ma défense, mais une fois que la Tarentule est lancée, impossible de l'arrêter.

– Qu'est-ce qu'il t'arrive, Violetta ? Tu as peur que le monde entier découvre que tu es médiocre ? Tu n'es qu'une lâche !

TROP, C'EST TROP ! Je vais lui montrer que je ne suis pas une dégonflée.

Sans réfléchir une minute de plus, je cours m'inscrire aux auditions.

Juste après, je fais une grande promesse à Leon : si je gagne le concours, j'avouerai tout à mon père.

Federico

Ma vie était déjà très compliquée, mais avec le concours, elle devient carrément... **INGÉRABLE !** Papa revient de voyage plus tôt que prévu, et le nouvel élève du Studio, un Italien du nom de Federico, vient s'installer chez nous.

Sa mère est une amie de papa. Quand Federico découvre que j'étudie au Studio, il veut tout raconter à papa ! J'essaie de le convaincre de garder le secret, mais il me dit qu'il déteste mentir.

Au secours, cher journal ! Qu'est-ce que je peux faire ?

Alors que je crois la situation désespérée, Federico m'écoute chanter. Là, il comprend à quel point c'est vital pour moi.

– Mais, un jour, tu devras quand même lui dire la vérité, ajoute-t-il.

Je sais bien qu'il a raison...

☆★★★☆

Cher journal, je fais partie des huit finalistes !

Francesca et moi

J'ai déjoué le dernier mauvais tour de Ludmila, qui avait déchiré ma feuille d'inscription, et j'ai réussi à franchir la première étape. C'est à la fois fantastique et terrifiant. Bref, je suis dans tous mes états ! Les autres nominés sont : Maxi, Francesca, Leon, Tomas, Nata, Federico et Ludmila.

– Félicitations, Violetta ! s'écrient mes amis pendant que je monte sur scène.

Les caméras se braquent sur moi, et j'essaie de me cacher derrière Leon. Mon père est un homme très occupé, et il est peu probable qu'il regarde ce genre d'émission sur Internet. Mais avec la chance que j'ai ces derniers temps, et **LES DEUX VIPÈRES** (Ludmila et Jade) prêtes à tout pour m'empoisonner la vie, on ne sait jamais !

Aucun doute : ça va être un GROS problème. **Dans quelle galère est-ce que je me suis mise ?**

Le tournage commence dès le lendemain. Tout cacher à mon père n'est vraiment pas facile ! Au Studio, les caméras nous suivent en permanence, et Marotti, le producteur, n'arrête pas de nous questionner sur notre vie privée.

– Le public sait ce qu'il veut ! explique-t-il. Nous devons lui donner des sujets croustillants.

AU SECOURS ! Avec les caméras cachées dans tous les coins de l'école, il va falloir faire très attention !

CHAPITRE SIX

Que le meilleur gagne...

La journée a été pénible, et le soir, je me réfugie dans le journal de maman. Lire ses pensées m'apaise. Même loin de moi, elle me donne d'excellents conseils.

Grâce à son journal, j'ai l'impression que maman est toujours près de moi...

Mais ce soir, plus que des conseils, c'est une énorme surprise qui m'attend !

En haut d'une page, maman souhaite un bon anniversaire... à sa sœur, Angeles !

☆★★★☆

Je cours à toute vitesse jusqu'au bureau de papa, et j'entre sans frapper.

– J'ai une tante ! Pourquoi tu ne m'as rien dit ? Je croyais que maman n'avait plus de famille.

Bouche bée, mon père me regarde quelques instants sans savoir quoi faire, avant de reprendre ses esprits.

– Ta mère et elle ne s'entendaient pas très bien. C'est pour cette raison que j'ai préféré me taire.

– Pourtant, elle a l'air de beaucoup l'aimer, dans son journal. Je veux la rencontrer. Cherche-la, s'il te plaît !

Papa pousse un grand soupir et finit par accepter.

Je suis si impatiente de faire la connaissance de ma tante ! J'espère de tout mon cœur que mon père réussira à la retrouver.

☆★★★☆

Au Studio, l'émission de téléréalité bouleverse tout. La tension monte, même

la chorégraphie de groupe

entre les amis. Le jour des épreuves éliminatoires arrive. Nous montons sur scène pour réaliser une chorégraphie de groupe, puis chacun chante séparément. Les dés sont jetés.

Que d'émotions !

En attendant la décision du jury, composé de Gregorio et d'un chanteur célèbre, je passe par tous les états : espoir, peur, excitation.

Avec Ludmila, nous sommes en tête du classement ! En revanche, le coup est dur pour les quatre candidats qui se retrouvent en bas : Maxi, Nata, Federico et Francesca.

Maintenant, c'est aux internautes de voter. Ils ont toute la journée pour choisir les quatre demi-finalistes.

☆★★★☆

Un peu plus tard, je découvre une vidéo de moi mise en ligne sur le site de l'émission. J'y parle d'une façon très hautaine.

— Mais qu'est-ce que tu es laide, aujourd'hui, Francesca ! Heureusement que je ne suis pas comme toi ! Je suis naturellement douée...

Oh non ! **Tout le monde va penser que je suis prétentieuse, alors que j'étais juste en train d'imiter Ludmila !**

C'EST TERRIBLE ! Désormais, au Studio, les autres me prennent pour une fille affreuse. Seuls mes véritables amis ne me tournent pas le dos.

Évidemment, Marotti, le producteur, est ravi. C'est exactement le genre de « sujet croustillant » qu'il voulait !

Le soir, dans ma chambre, j'enregistre une vidéo dans laquelle je

dans ma chambre

m'excuse. **Il est peut-être temps que j'apprenne à régler mes problèmes toute seule !**

– Je reconnais avoir dit ce que vous avez entendu. J'imitais une autre personne pour me moquer d'elle... Je regrette que, dans cette émission, seuls les scandales aient de l'importance, et non les efforts que nous faisons pour progresser...

Le lendemain, Marotti est furieux contre moi. Juste après, j'apprends que j'arrive en cinquième position.

TANT PIS ! Je ne regrette pas ce que j'ai dit.

Les grands finalistes sont : Ludmila, Tomas, Leon et Federico. Ils doivent présenter une nouvelle chanson pour être départagés.

QUE LE MEILLEUR GAGNE !

CHAPITRE SEPT

Une découverte inattendue

Cher journal, il m'est arrivé des choses incroyables, dernièrement. Par quoi commencer ? D'abord, Leon a abandonné la compétition pour me laisser sa place ! Le réglement du concours a changé. Dorénavant, c'est aux éliminés de voter. Du coup, Ludmila, la Tarentule, commence à tisser sa toile. Elle discute avec chacun des candidats pour essayer d'obtenir sa voix.

Elle veut même que Francesca vote pour elle ! Cette fille ne doute vraiment de rien.

Mais ce n'est pas tout !

En sortant du Studio, perdue dans mes pensées, je tombe sur... Angie et papa en train de s'embrasser.

ANGIE ET MON PÈRE ENSEMBLE, C'EST FANTASTIQUE !

Rien ne pourrait me rendre plus heureuse que de voir Angie faire partie de ma famille...

☆★★★☆

Angie prétend que ce baiser était un stratagème pour éviter que mon père me voie sortir du Studio. **Si c'est vrai, alors pourquoi est-il devenu étrange depuis qu'ils se sont embrassés ?**

Papa dans la lune

Papa arpente la maison, l'air absent, tandis que Jade essaye d'attirer son attention, en vain.

Elle finit par le coincer dans le salon et lui parle du gala de bienfaisance qui aura lieu demain.

– Nous irons tous ensemble, déclare papa. Comme une vraie famille.

Oh non ! Demain, c'est la finale du concours ! **Je suis sûre que Jade l'a fait exprès. Elle cherche toujours à me gâcher la vie !**

☆★★★☆

Le lendemain, je fais semblant d'être malade pour ne pas aller au gala, puis je file en douce au Studio. Toutefois, sur scène, mes nerfs me trahissent, et je me trompe à la reprise d'un couplet.

Je crois que je me sens coupable vis-à-vis de mon père et je suis fatiguée de tous ces mensonges.

Le lendemain, à l'école, tout le monde se réunit dans la salle de spectacle pour découvrir le résultat de la finale. Ce qui m'inquiète le plus, c'est que si je gagne, je devrai tenir ma promesse et tout raconter à mon père...

Est-ce que je suis vraiment prête à le faire ?

– Très bien, les enfants, annonce Antonio. Le gagnant est... Federico !

On applaudit tous comme des fous.

J'avoue que, dans le fond, je suis contente pour lui... et soulagée pour moi !

avec Leon

Un peu plus tard dans la matinée, je reçois un message me disant que Leon m'attend dans la salle de danse. Je m'y rends aussitôt. Là, sur un écran de projection, je vois une vidéo où Angie discute avec

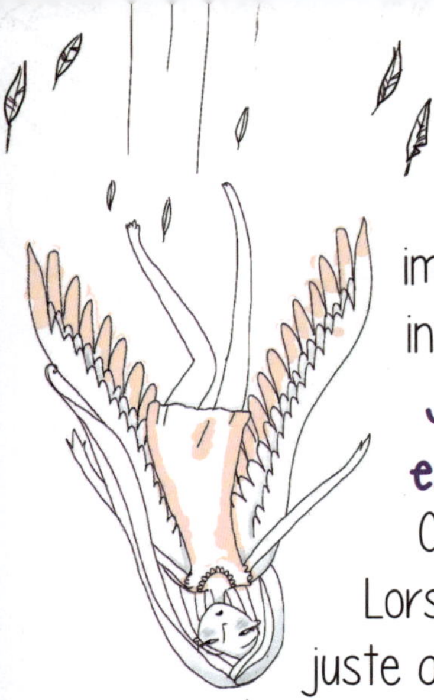

Pablo - sans doute des images enregistrées à leur insu pendant l'émission.

J'y apprends qu'Angie... est ma tante !

C'est Angeles !

Lorsqu'elle entre dans la pièce juste après, je m'effondre, en larmes.

– Comment as-tu pu me faire ça ?

– Pardonne-moi, Violetta, je ne voulais pas te mentir, je te le promets. Ma mère et moi t'avons cherchée dans le monde

entier. Chaque fois qu'on s'approchait de toi, ton père changeait de pays. Je voulais te le dire, mais j'avais peur qu'il t'éloigne encore de moi. Je t'aime...

Des larmes coulent sur ses joues. Ne pouvant le supporter plus longtemps, je me jette dans ses bras. Je lui répète tant de fois que je lui pardonne qu'on finit par en rire.

MOI AUSSI, JE L'AIME !

CHAPITRE HUIT

Mon cher papa

Au Studio, c'est la folie ! Ludmila a été exclue temporairement à cause d'un énième coup bas, qui a été filmé cette fois. Et ce n'est pas tout ! Gregorio a été surpris en train de falsifier les votes pour que Federico perde. Antonio l'a relevé

l'amitié avant tout

de ses fonctions et a rendu le poste de directeur à Pablo.

Je suis si contente ! Terminés, la terreur, les complots et la compétition qui ont divisé les élèves. L'amitié et la loyauté sont de retour au Studio.

Sans Ludmila et Gregorio, on va enfin pouvoir faire de la musique.

Seul bémol de la journée : nous devons dire au revoir à Federico. Il retourne en Italie pour organiser sa carrière. **C'est toujours dur de voir partir un ami...**

Ensuite, les professeurs nous réunissent pour parler du spectacle de fin d'année : j'ai hâte d'y être !

Mon plus grand rêve : retourner sur scène !

Chacun de nous propose des idées. Cette fois, pas d'audition.

– Il y aura deux rôles principaux, explique Antonio. Le premier sera joué par Leon, que nous voulons récompenser pour son attitude quand il a cédé sa place à Violetta. Le second sera attribué à Violetta pour être parvenue jusqu'en finale !

Cette bonne nouvelle me fait du bien... surtout à l'approche du mariage de Jade et papa.

☆★★★☆

L'après-midi, je fais la connaissance de ma grand-mère... Elle est compréhensive et affectueuse. C'est la grand-mère dont j'ai toujours rêvé.

J'AI UNE FAMILLE !

Dommage que papa ne comprenne pas qu'Angie est la femme de sa vie.

☆★★★☆

Cher journal, voilà, on y est. Demain, papa et Jade se marient, et ce sera le pire jour de ma vie. Papa est-il aveugle ? Pourquoi ne voit-il pas que Jade s'intéresse uniquement à son argent ? Depuis qu'elle vit avec nous, elle ne pense qu'à m'envoyer en internat pour se débarrasser de moi !

Papa ne sera jamais heureux avec elle.

Ça crève les yeux : il est amoureux d'Angie.

De toute façon, Jade est une personne méchante. Elle est si horrible qu'Olga et Ramallo ne veulent plus travailler pour nous. Et combien de fois m'a-t-elle menacée de raconter toute la vérité à mon père si je ne faisais pas ce qu'elle disait ?

Au moins, maintenant, elle ne peut plus utiliser ce moyen de pression sur moi,

CAR PAPA SAIT TOUT !

Ce n'est même pas Jade qui le lui a dit. Il a simplement vu une grande affiche sur le spectacle, accrochée à l'entrée de l'école... et, bien sûr, je suis dessus, en plein milieu !

Papa est furieux et très déçu. Pourtant, je ne voulais pas le faire souffrir...

Je sais que je n'aurais pas dû lui mentir, mais j'avais si peur qu'il m'empêche de réaliser mon rêve !

D'ailleurs, c'est exactement ce qui se passe ! Ayant appris la vérité, papa m'interdit catégoriquement de retourner à l'école.

– La musique, c'est fini ! m'ordonne-t-il.

Comme toujours, il ne me comprend pas. **Et moi, je n'ai aucune envie d'assister à ce maudit mariage !**

☆★★★☆

Mais Angie me persuade d'être présente à la cérémonie. Malgré le fossé qui nous sépare, j'aime mon père, plus que tout au monde...

Je décide donc de monter me changer, accablée. Lorsque je redescends, papa m'attend au pied de l'escalier.

– Merci, ma chérie, me dit-il en souriant.

– Je te soutiendrai toujours, papa, même si je crois que tu fais la pire erreur de toute ta vie. Tu aimes Angie et tu regretteras de ne pas le lui avoir dit !

Je me demande pourquoi je me fatigue à essayer de le convaincre, puisque je sais d'avance qu'il ne m'écoutera pas...

La cérémonie commence. Après avoir prononcé les vœux du mariage, l'officier d'état-civil demande :

– Germán Castillo, voulez-vous prendre Jade La Fontaine pour épouse ?

– Non... répond papa.

Je ne peux pas y croire : **papa a enfin ouvert les yeux !**

CHAPITRE NEUF

Vive la vie !

Mais, comme d'habitude, cher journal, mon bonheur ne dure pas !

Après l'annulation de son mariage, papa m'annonce que **nous quittons Buenos Aires pour aller vivre à l'autre bout du monde !**

J'avais enfin la vie que je voulais ! Maintenant, je vais devoir quitter ma famille, mes amis, le Studio...

Je suis désespérée... et furieuse contre mon père !

Comment peut-il me faire une chose pareille ?

☆★★★☆

Dès que je le peux, je retourne au Studio pour dire au revoir à mes amis. Mais les couloirs sont étrangement déserts. Soudain, j'entends de la musique. Au même moment, mes amis et mes professeurs me rejoignent en chantant.

Une fête d'adieux... Je ne peux pas m'empêcher de pleurer. Francesca,

Camila, Leon, Tomas...
Ils vont tellement me manquer !

☆★★★☆

C'est l'heure du départ, et j'ai le cœur brisé. Alors que la voiture se dirige vers l'aéroport, je ne pense qu'à mes amis qui s'apprêtent à monter sur scène pour le spectacle de fin d'année. Je devrais être avec eux...

À mi-chemin, je demande à papa de s'arrêter. Je suis si malheureuse et fâchée que je ne supporte pas d'être enfermée avec lui.

J'ai besoin d'une pause. Tandis que je choisis un jus de fruit dans un kiosque à boissons, des garçons se mettent à jouer du tambour sur le banc d'à côté.

Et moi, je me mets à danser. C'est comme si toute la ville me disait au revoir !

Mais, tout à coup, je me rends compte que mon père me regarde fixement, et je rentre vite dans la voiture. **La dernière chose dont j'aie besoin aujourd'hui, c'est une nouvelle dispute !**

☆★★★☆

Quelques minutes plus tard, la voiture s'arrête de nouveau. Papa en descend et m'ouvre la portière. Je regarde autour de moi, surprise.

Nous ne sommes pas à l'aéroport, mais devant un théâtre.

– Je ne comprends pas, papa. Qu'est-ce que c'est ?

– Ta vie, répond mon père.

Au même moment, il s'écarte, et je découvre l'affiche à l'entrée : c'est ici que se déroule le spectacle de fin d'année !

Papa sourit.

– Dépêche-toi, ma chérie. Ton destin t'attend !

Je retrouve mes amis, et on s'embrasse en riant et en pleurant. Je leur dis que mon père a changé d'avis.

Je reste à Buenos Aires !

sur scène !

Nous n'avons pas beaucoup de temps pour nous réjouir, car la musique commence déjà. J'invite même Ludmila à nous rejoindre sur scène.

Je suis si heureuse que j'ai l'impression de voler : Jade est partie, j'ai une tante et une grand-mère que j'adore, et papa a enfin compris ma passion.

Qui aurait cru, il y a quelques semaines, que tout finirait par s'arranger ?

Cher journal, ma vie est devenue merveilleuse, et je compte bien en profiter au maximum !

AS-TU LU LA PREMIÈRE AVENTURE DE VIOLETTA ?

Tome 1 - Ma nouvelle vie

Je suis super contente !
Je suis revenue vivre à Buenos Aires
et je me suis fait plein d'amis.
En plus, je vais passer le concours
d'entrée d'une école de musique, le Studio 21.
Maman serait fière de moi. Mais CHUT,
c'est un secret ! Papa ne le sait pas...

Violetta, c'est aussi une série de romans pour les plus grandes !

Tome 1
Dans mon monde

Tome 2
Un cœur à prendre

Tome 3
Chanter à tout prix

Tome 4
Du rêve à la réalité